JN080782

未来につながるまなびば
子ども大学

世界を知る

社会・総合学習

はじめに

「子ども大学」とは、子どもたちに対し、大学教授や専門家が大学生にむけておこなうような授業を、レベルを下げずにやさしくおこなうという取りくみです＊。でも、特別にむずかしくて一部の子にしかわからないような英才教育をする場ではありません。ごくふつうの子どもたちの学びの場です。

「子ども大学かわごえ」で10年間授業をおこなってきた池上彰先生は、子どもたちがするおとな顔負けのするどい質問に毎回、おどろくといいます。

みなさんが子ども大学の授業を完全に理解することはできないかもしれません。でも、それは、おとなでも同じこと。みなさんにとっては大学のような授業を経験することに大きな意義があるのです。

このシリーズは、子ども大学で実際におこなわれた授業を、全国の子どもたちにも紙上で体験してもらおうとつくりました。

読者のみなさん！ 子ども大学の授業を楽しんでください。興味がわいてわくわくするような分野が見つかるでしょうか？

＊ 2002年にドイツではじまり、ヨーロッパで広がった。日本では、2008年にはじめて埼玉県川越市で開校。その後、埼玉県を中心に活動が広がり、2020年7月現在、日本全国に60校以上が開校。多くの子どもたちが地域の子ども大学に参加して、年に何回か、大学教授や専門家の授業を受けている。そこでは、子どもたちは「学生」とよばれている。

日本全国に広がる子ども大学

「子ども大学」は、2008年に埼玉県川越市ではじめて開校して以来、「学校とはべつのもうひとつの学びの場」として、埼玉県を中心に全国へと広まっていきました。現在、埼玉県内では50校以上、そのほか関東地方や西日本でも開校しています。東京都では、2019年に都内初の子ども大学が誕生しました。下は、全国の子ども大学を書きいれた日本地図です。また、このシリーズで授業をあつかういくつかの子ども大学のとくちょうを紹介しています。

●全国の子ども大学
（2020年7月現在）

子ども大学かわごえ（CUK）

2008年12月に埼玉県川越市に誕生した、日本初の子ども大学。「なぜ」を追求する「はてな学」、キャリア教育の「生き方学」、郷土を知り地域に貢献する「ふるさと学」が、教育プログラムの3本柱。全国の子ども大学のモデルとして、開校以来10年以上活動をつづけている。

子ども大学くにたち（CUKu）

2019年に東京都国立市で設立された、東京都で第一号の子ども大学。キャリア教育と、SDGs*をカリキュラムの二本柱に据えて活動している。また、SDGsをカリキュラムとした子ども大学を全国に広める「SDGs子ども大学運動」を展開している。

* 「Sustainable Development Goals（持続可能な開発目標）」の略称。2015年9月の国連サミットで全加盟国（193か国）すべてが賛成して採択された、世界共通の目標。

子ども大学ベアリす☆ひがしまつやま

埼玉県東松山市で開校した特別支援学校の児童・生徒を対象にする全国ではじめての「特別支援子ども大学」。「子ども大学かわごえ」のカリキュラムをモデルにさまざまな施設を活用した体験授業を展開する。

子ども大学ぐんま（群馬県）

子ども大学しまね（島根県）
※ 準備中

子ども大学だざいふ（福岡県）
※ 準備中

子ども大学水戸（茨城県）

いばらき子ども大学（茨城県）

子ども大学よこはま（神奈川県）

子ども大学かまくら（神奈川県）

子ども大学わかやま（和歌山県）

★埼玉県内の子ども大学（52校）

あげお子ども大学／子ども大学あげお・いな・おけがわ／子ども大学あさか／子ども音楽大学いるま／子ども大学おがわ／子ども和紙大学おがわ・ひがしちちぶ／子ども大学かすかべ／子ども大学かぞ／子ども大学かわぐち／子ども大学きたもと／子ども大学ぎょうだ／子ども大学くき／子ども大学くまがや・なめがわ／子ども大学こうのす／子ども英語大学こうのす／子ども大学こしがや・まつぶし／子ども大学SAITAMA／子ども大学さかど／子ども大学さって／子ども大学さやま／子ども大学さやま・いるま／子ども大学しき／子ども大学すぎと／子ども大学そうか／子ども大学ちちぶ／子ども大学ときがわ／子ども大学ところざわ／子ども大学とだ／子ども大学にいざ／子ども大学にいるま／子ども大学はすだ・しらおか／子ども大学はとやま／子ども大学はにゅう／子ども大学はんのう／子ども大学ひがしまつやま／子ども大学ひだか／子ども大学ふかや／子ども大学☆ふじみ／子どもスポーツ大学☆ふじみ／子ども文化芸術大学☆ふじみ／子ども大学ふじみの／子ども大学ほんじょう／子ども大学みさと／子ども大学みやしろ／子ども大学みよし／八潮こども夢大学／子ども大学よしかわ／子ども大学よしみ／子ども大学よりい／子ども大学らんざん／子ども大学わこう／子ども大学わらび

もくじ

池上彰先生
（いけがみあきらせんせい）

1950年、長野県松本市生まれ。慶應義塾大学卒業後、1973年、NHKに記者として入局。1994年から「週刊子どもニュース」キャスター。2005年3月NHK退社後、ジャーナリストとして活躍。名城大学教授、東京工業大学特命教授。著書に『ニュースの現場で考える』（岩崎書店）、『そうだったのか！　現代史』（集英社）、『伝える力』（PHP研究所）ほか多数。

この本の見方

この本では、授業の場にいなくても、実際におこなわれた授業を流れにそって理解できるようくふうしてあります。

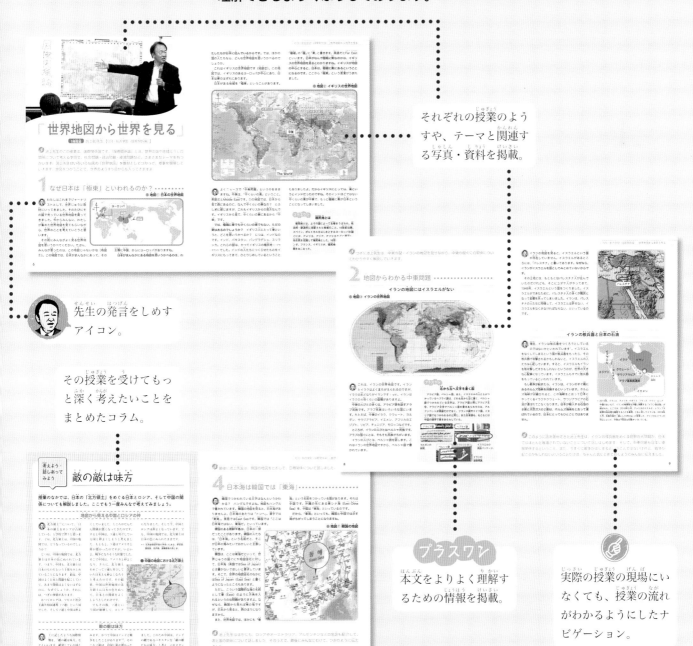

それぞれの授業のようすや、テーマと関連する写真・資料を掲載。

先生の発言をしめすアイコン。

その授業を受けてもっと深く考えたいことをまとめたコラム。

プラスワン
本文をよりよく理解するための情報を掲載。

実際の授業の現場にいなくても、授業の流れがわかるようにしたナビゲーション。

「世界地図から世界を見る」

1時間目 池上彰先生【社会・総合学習（国際関係論）】

池上先生のこの授業は、国際関係論です。「国際関係論」とは、世界の国や地域どうしの関係について考える学問で、社会問題・政治問題・経済問題など、さまざまなテーマをあつかいます。池上先生はいろいろな国の「世界地図」を教材としてつかって、授業を展開していきます。地図をつかうことで、世界のようすが目からも入ってきますよ。

1 なぜ日本は「極東」といわれるのか？・・・・・・・・・

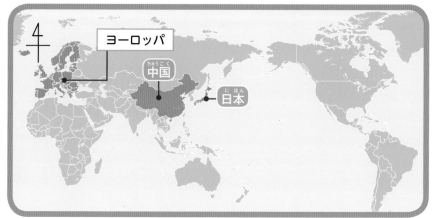
● 地図① 日本の世界地図

わたしはこれまでジャーナリストとして、世界じゅうに取材にいってきました。そのたびにその国で売っている世界地図を買ってきました。今からみんなに、わたしが集めた世界地図を見てもらいながら、世界のことを考えていこうと思います。

その前にみんながよく見る世界地図を思いうかべてください。たぶん、みんなが思ったのは、この地図じゃないかな（地図①）。この地図では、日本がまんなかにあって、その

左側に中国、さらにヨーロッパがありますね。

日本がまんなかにある地図を思いうかべるのは、わ

たしたちが日本に住んでいるからです。では、ほかの国の人たちなら、どんな世界地図を思いうかべるのでしょうか。

　これはイギリスの世界地図です（地図②）。この地図では、イギリスのあるヨーロッパが中心にあり、日本は東のはずれにあります。

　日本がある地域を「極東」ということがあります。

「極端」の「極」に「東」と書きます。英語だとFar East といいます。日本がなんで極端に東なのかは、イギリスの世界地図を見るとわかりますね。イギリスが地図の中心とすると、日本は、極端に東にあるということになるのです。ここから「極東」という言葉がうまれました。

● 地図② イギリスの世界地図

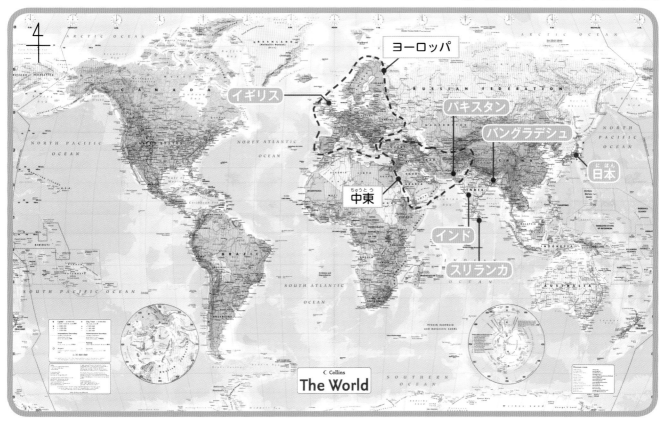

よくニュースで「中東問題」というのをききますね。中東は、「中くらいの東」ということ。英語だとMiddle Eastです。①の地図では、日本から見て西にあるのに、なんで中くらいの東なの？　とふしぎに感じますが、これもイギリスからの見方なんです。イギリスから見て、中くらいの東にあるから「中東」です。

　では、極端に東でも中くらいの東でもない、ただの東はあるのでしょうか？　イギリス人にとって東というと、どこを思いうかべるか？　じつは、インドなのです。インド、パキスタン、バングラデシュ、スリランカ。これらの国は、かつてイギリスの植民地（→プラスワン）でした。インドの人たちにつくらせたものをイギリスにもってきて、ひとりじめしているということ

もありましたよ。だからイギリスにとっては、東というとインドだったのですね。そのインドほどではない中くらいの東が中東で、もっと極端に東が日本ということになってしまいました。

プラスワン

植民地とは

　植民地とは、よその国によって主権をうばわれ、政治的・経済的に支配された地域のこと。15世紀以降、スペイン、ポルトガルをはじめとするヨーロッパの国ぐにが、アメリカ、アジア、アフリカなどに進出し、先住民を征服して植民地とした。16世紀からは、オランダ、フランス、イギリスが、植民地をめぐって争奪戦をおこなった。

つぎに池上先生は、中東の国・イランの地図を見せながら、中東の国ぐにの関係について わかりやすく解説していきます。

2. 地図からわかる中東問題 ●●●●●●●●●●●●●●●●●

イランの地図にはイスラエルがない

● 地図③ イランの世界地図

これは、イランの世界地図です。イラン とイラクはよくまちがえられるのですが、 イラクの右どなりがイランです（→p9下の地図）。イ ランはイラクの4倍くらいの面積がありますよ。
　中東の人びとの多くは、アラビア語を話すアラ ブ民族です。アラブ民族はいろいろな国にいま す。たとえば、中東のイラク、クウェート、ヨル ダン、サウジアラビア、イエメン、アフリカのエ ジプト、リビア、チュニジア、モロッコなどです。
　ところが、イランの人びとはペルシャ民族です。 アラブの国ぐにとは、そもそも民族がちがいます。
　イランの人びとは、ペルシャ語を話します。こ れはイランの世界地図ですから、ペルシャ語で書 かれています。

プラスワン

右から左へ文字を書く国

アラビア語、ペルシャ語、また、イスラエルの人たちがつ かっているヘブライ語は、どれも右から左に書く。ペルシャ 語でつかわれている文字は、アラビア語と同じアラビア文 字。アラビア文字でペルシャ語を書きあらわすのは、アル ファベットが英語だけでなく、フランス語やドイツ語、イタ リア語でもつかわれるのと同じ。また日本語も、もともとは 中国の漢字で書きあらわしていた。

アラビア語 / ヘブライ語

ヨルダンの 新聞。

イスラエルの 商品パッケージ。

ペルシャ語

イランの 道路標識。

イランの地図を見ると、イスラエルという国が存在していません。イスラエルがあるところには、「パレスチナ」と書いてあります。なぜなら、イランがイスラエルを国としてみとめていないからです。

　その土地には、もともとはパレスチナ人が住んでいたのだけれども、そこにユダヤ人がやってきて、1948年、イスラエルという国をつくりました。イスラエルができたために、パレスチナ人の多くが難民となって故郷を失ってしまいました。イランは、パレスチナの人たちに同情して、イスラエルは許せない、イスラエルをなくさなければならない、といっているのです。

パレスチナ

イランの核兵器と日本の石油

現在、イランは核兵器をつくろうとしているのではないかといわれています＊。イスラエルをなくしてしまえという国が核兵器をもったら、その核兵器で攻撃されるかもしれないと、イスラエルの人たちは心配しています。すると、イスラエルもイランを核攻撃しだすかもしれないというのが、世界の大きな心配事になっています。イスラエルもすでに核兵器をもっているといわれています。

　もし戦争が起きたら、イランは、イランのすぐ南にあるホルムズ海峡を封鎖するといっています。ホルムズ海峡が封鎖されると、この海峡をとおって日本にやってくるイラクやクウェート、サウジアラビアの石油が運ばれてこなくなります。日本が輸入する石油の8割と天然ガスの2割は、ホルムズ海峡をとおって運ばれているので、日本にとってもひとごとではありません。

＊ 2015年、イランと、アメリカ・イギリス・フランス・ドイツ・ロシア・中国のあいだで、イランの核開発を大幅に制限する「イラン核合意」が結ばれた。ところが、2018年5月、アメリカのドナルド・トランプ大統領が核合意を離脱することを表明。これに対してイランも、2019年5月、合意内容の一部にしたがわないと宣言した。アメリカとイランの対立によって、中東は不安定な状態がつづいている。

　このように話を進めてきた池上先生は、イランの核兵器をめぐる世界の大問題が、日本ではほとんど報道されていないことについて話しはじめます。そして、中東問題も日本に直接関係するということ、また、今すぐに戦争がはじまるということではないけれど、戦争が起こるかもしれないということだけは、ちゃんと気にとめておくようにみんなに伝えました。

つぎは、アジアの話へとうつります。池上先生は、日本の南側にある島、台湾の地図を見せながら、「時代」によって地図がかわるということに話を展開していきます。

3 時代や政治方針によって地図がかわる・・・・・・・

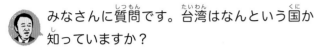

みなさんに質問です。台湾はなんという国か知っていますか？

中国です。

中国って略称ですよね。正式な国名は？

中華人民共和国です。

中華人民共和国は中国大陸にあるのでは？台湾の人たちは自分の国をなんていっているか、知っている？

中華民国。

さすがだね。そう、中華民国といっていますよ。地図の左上に「中華民国全図」と書いてあ

ります（地図④）。この地図は、中華人民共和国もふくめて全部が、中華民国だということをしめしているのです。でも、中華人民共和国なんて、どこにも存在していない。なんでこんな地図ができたのでしょう。

今の中華人民共和国は、かつて国民党という政党が支配する中華民国という国でした。ところが、毛沢東という人が指導する中国共産党と、蒋介石という人がリーダーの国民党が戦争となり、その結果、共産党の軍隊が勝って、中華人民共和国という国をつくりました。そのとき、国民党の人たちが台湾に逃げこんだのです。そして今でも国民党の人たちは、台湾で中華民国といいつづけているのです。大陸の中華人民共和国も、自分たちの中華民国だという思いがありました。

もうひとつ、この中華民国全図という地図を見てなにか気づきませんか？

● 地図④
中華民国全図
（1926年に公開された中華民国全図の複製）

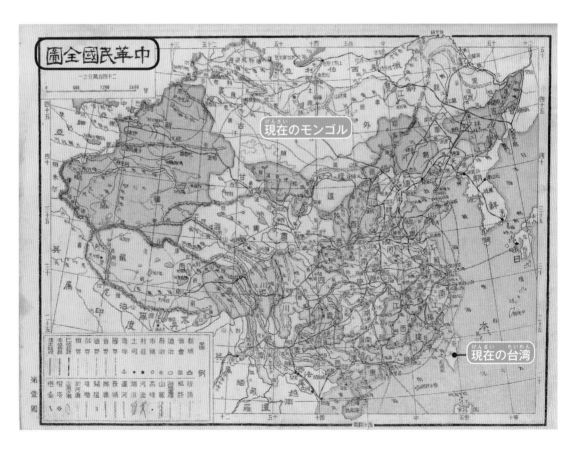

中華民國全國圖

現在のモンゴル

現在の台湾

中国の上のほうも中華民国になっている！

 すごい！　よく気がついたね。じつは中華民国ができたときは、モンゴルも中華民国の一部だったのです。第二次世界大戦＊が終わって、モンゴルは独立したけれど、台湾ではその後もモンゴルをふくめた中華民国の地図をつくっていました。

そんなのおかしいです。

そう、だからもうこんなつくり話はやめよう、モンゴルはべつの国だということをみとめようということになって、今では、新しい地図がつくられました（地図⑤）。現在、台湾ではこちらの地図がつかわれていますよ。しかも中華民国とは書いてありません。

＊ 1939〜1945年にかけて、日本・ドイツ・イタリアなどの枢軸国と、アメリカ・イギリス・フランス・ソ連（現在のロシア）などの連合国のあいだでおこなわれた世界規模の戦争。

● 地図⑤ 現在の台湾の地図

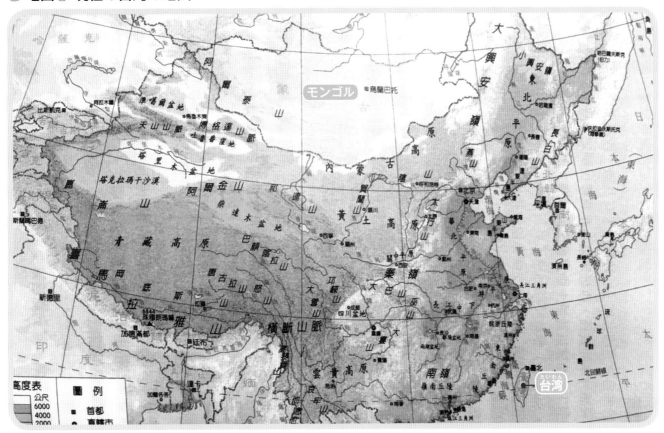

現在の台湾の地図では、モンゴルは独立国になっている。

 それじゃ、中華民国はどうなったのですか？

中華人民共和国の地図（地図⑥）を見ましょう。中華民国はどこにも存在していません。台湾のところには中華人民共和国の一部である「台湾島」と書いてあります。つまり、中華人民共和国は中華民国という国をみとめていないのです。台湾も自分たちのものなんだという考え方が、この地図を見るとわかります。

● 地図⑥ 中華人民共和国の地図

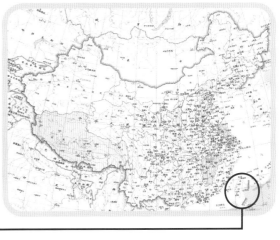

11

敵の敵は味方

授業のなかでは、日本の「北方領土」をめぐる日本とロシア、そして中国の関係についても解説しました。ここでもう一度みんなで考えてみましょう。

地図から見える中国とロシアの仲

北方領土[1]について、「日本の領土をロシアが占領している」と学校で習うと思います。では、北方領土は、中国の地図では、どうなっているのでしょうか？

じつは、中国の地図では、北方領土は日本の色にぬられています。つまり、中国も、北方領土は日本のものだという主張をみとめていることになります。最近、中国はよく日本と問題を起こしていて、あまり関係はよくないはずなのに、なぜでしょうか。それには、つぎの事情があります。

かつてロシアは、ソビエト社会主義共和国連邦（ソ連）という国でした。そしてソ連と中国は仲よくしていました。ところがだんだん関係が悪くなってきたのです。すると中国は、ソ連と対立している国と仲よくしようと考えました。もともと、ソ連はアメリカと仲が悪かったのですが、いよいよ、戦争になりそうな状態でした。そこで中国は、アメリカと仲よくなり、さらに、北方領土をめぐってソ連と対立していた日本とも仲よくなろうと考えたのです。その結果、中国は世界地図の北方領土に日本の色をぬって、日本との関係をよくしようとしたわけです。

でもその後、ソ連という国が崩壊して、ロシアになりました。そして今、中国とロシアは仲よくなっています。でも、中国の地図では、北方領土は日本の色にぬられたままです。

[1] 北海道根室半島の沖合いにある、択捉島、国後島、色丹島、歯舞群島の島じま。

● 中国の地図における北方領土

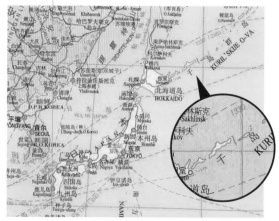

敵の敵は味方

上に記したような国際情勢を、「敵の敵は味方」などといいます。敵対している国と敵対しているべつの国は、自分の味方にできるという考え方です。中国は、この考えで、ソ連の敵であるアメリカや日本と仲よくしたということです。べつの例で見てみます。かつて中国はインドと戦争をしたことがあります[2]。そのころソ連は、中国と仲が悪かったので、中国にとっての敵であるインドと仲よくしたのです。また、インドのすぐとなりには、パキスタンという国があって、インドとパキスタンは何度も戦争をしていました。このため中国は、インドの敵であるパキスタンを「敵の敵だから味方」と考え、パキスタンと仲よくするという関係をつくったのです。

[2] 1962年、中国とインドのあいだの未確定の国境線をめぐり、大規模な軍事衝突が起きた。

最後に池上先生は、韓国の地図をとおして、日韓関係について話しました。

4 日本海は韓国では「東海」・・・・・・・・・・・・・・・・・・・・・・

韓国でつかわれている文字はなんというかわかる？　ハングルですよね。地図もハングルで書かれています。韓国の地図を見ると、日本海がありませんよ。日本海のあたりは「トンヘ」。漢字では「東海」。英語ではEast Seaです。韓国では「ここは日本海ではない、東海だ」といっています。

韓国のある朝鮮半島は、日本の一部だったことがあります。韓国の人たちは、「日本海」という名前だと、そこが日本の海みたいでおかしいと主張しています。

韓国は、ここは東海だといって、世界じゅうの国ぐにや地図会社に対して、日本海（英語ではSea of Japan）とは書かないでほしいと要求しています。そこで、世界の地図会社のなかにはSea of Japan（East Sea）と書くようになったところもあります。

ただし、こういう国際的な海の名前として東（East）のように方角を入れるというのは問題がありますよ。なぜなら、韓国から見れば東の海ですが、日本から見ると、西のほうになりますから。

また、世界地図では、ほかにも「東海」という名前をつかっている国があります。それは中国です。沖縄の先にある東シナ海（East China Sea）を、中国は「東海」といっているのです。

だから、「東海」といっても、韓国と中国ではしめす海がちがってしまうことになりますね。

● 地図⑦ 韓国の地図

池上先生はほかにも、ロシアやオーストラリア、アルゼンチンなどの地図も紹介して、国と国の関係について話しました。そのうえで、最後にみんなにむけて、つぎのように伝えました。

「その国へいってみないとわからないことが、いくらでもあります。その国の人とつきあってみないと、その国の本当のことはわからないことだらけです。あの国はああいう国だ、こういう国だと勝手に思いこむのではなく、その国へいってみたり、その国の人とつきあったりして、自分で判断する力を身につけてください」

（この授業は、2012年3月3日に、子ども大学かわごえでおこなわれたものです。）

高層ビルがたちならぶ東京都心。

「日本は豊かか、貧しいか？」

2時間目 池上彰先生【社会・総合学習（経済・国際援助論）】

この授業のテーマは、「日本は豊かな国か、それとも貧しい国か？」です。「豊かさ」をはかる基準はいろいろありますが、池上先生は、「日本はお金もちか、お金もちでないか？」という問いから、みんなといっしょに考えはじめました。

1 日本はお金もちな国？ ●●●●●●●●●●●●●●●●●●●●●

日本には、お金もちやそうでない人もいますね。でも、個人のことでなく、まず、国どうしで比較して考えてみましょう。日本は世界のなかでお金もちな国なのか、貧しい国なのか？ 「お金もちな国だ」「貧しい国だ」「どちらともいえない・わからない」。その3つで手をあげてもらおう。

では、日本はお金もちな国だと思う人、手をあげてください。はい、ありがとう。では、日本は貧しい国だと思う人？ おお、けっこういるね。どちらともいえない、わからない人？ はい、なるほど。3対2対1くらいの感じかな。

では、「日本は貧しい国だ」に手をあげた人に、その理由をきいてみましょう。ではきみ、貧しい国だと思った理由を大きな声でいってください。

今、日本はたくさん借金をしているから、お金もちではないと思います。

なるほど、そうだよね。お金がないから国債*1という借金をしているんですよね。はい、ほかに貧しいほうに手をあげた人。

埼玉県は学校の先生の給料を下げたり、国は消費税*2を上げるといったりしています。それは、日本にお金がないからではないですか。

なるほど、埼玉県の学校の先生だけではありません。国家公務員もみんな給料が下がっています。お金が足りないからですね。お金が足りないということは、貧しいということですね。では、「日本はお金もちな国だ」に手をあげた人？どうしてそう思いましたか？

外国を支援しているから。

ああ、援助だな。日本は外国に援助をしているから。なるほどね。

日本では、貧しい子でも学校にいけるし、ごはんも食べられるから。

そうですね。国によっては、学校にいけない子がいます。日本は学校にいきたくない子はいるけど、いこうと思えばいけます。日本は、食べ物がなくてうえ死にするようなことはありませんよね。

子どもが働く必要がないからだと思います。

そう。よその国のなかには、働いている子がいっぱいいるのに、日本の子どもは働く必要がない。家で「お手伝いしなさい」と親にしかられるかもしれないけど、そのくらいですんでいる、ということですね。

日本はGDPが高いので、国自体は豊かだと思います。

GDPが出てきましたか。さすがですね。GDPとは、国内総生産（→プラスワン）のことです。日本のGDPは世界で第3位ですよ。

日本は国民が税金を払っているので豊かだと思います。

さっき、お金が足りないから貧しいといっていた人がいましたが、税金を払えない、払わない人がいる国は貧しいけれど、日本は払われているので豊かだということですね。なるほど。

*1 国の予算の不足をおぎなうために、国が国民などから借りるお金の証書。
*2 商品を買ったり、サービスを受けたりするときに支払う税金。

● 世界のGDPランキング（2019年）

出典：IMF（国際通貨基金）

(10億ドル)

国	GDP
アメリカ	21,439.45
中国	14,140.16
日本	5,154.48
ドイツ	3,863.34
インド	2,935.57
イギリス	2,743.59
フランス	2,707.07
イタリア	1,988.64
ブラジル	1,847.02
カナダ	1,730.91
ロシア	1,637.89
韓国	1,629.53
スペイン	1,397.82
オーストラリア	1,376.26
メキシコ	1,274.18
インドネシア	1,111.71
オランダ	902.36
サウジアラビア	779.29
トルコ	743.71
スイス	715.36

プラスワン
国内総生産（GDP）

GDPとは、Gross（統計）Domestic（国内の）Product（生産）の略称で、国内で新たに生産されたサービスや商品の付加価値の総額のこと。

かんたんにいえば、国内で、その国の国民またはその国に住む外国人が働いてつくりだした金額の総額。

GDPはその国の経済活動の規模をあらわす指標とされる。

みんなからはその後も、「東京都庁とか、ああいうすごいビルを建てられるのは、日本がお金もちだからだと思います」「水は安心して飲めるし、洗濯を洗濯機でできる」「戦争をしていない」など、さまざまな意見が出ました。そうしたみんなの意見をきいたうえで、池上先生は、これまで池上先生自身が世界じゅうを取材して見てきたいろいろなことにふれながら、お金以外のさまざまな視点で「豊かさ」について話を進めていきます。

2 さまざまな基準で考える「豊かさ」••••••••••

水道があれば豊か

このあいだいったアフリカのモザンビークという国では、雨で川の水があふれて、道路にできた水たまりで、みんなが歯をみがいたり、顔を洗ったり、洗濯をしたりしていました。わたしたちは水道の蛇口をひねれば、水が出るのが当たり前と思っていますが、そういう国は、世界では多くはありません。モザンビークだけでなく、アフリカの多くの国でも、家に水道がありません。家が30〜40軒ある村のまんなかに井戸がひとつあって、その井戸の水をみんながくむというようなことができる町は、恵まれているほうなのです。

ちょっと町をはなれると、片道1時間から2時間かけて水をくみにいかねばならないような状況です。お父さんが農作業で働いている家では、お母さんは、家の仕事や赤ちゃんの世話などで忙しいので、水くみは子どもの仕事になります。そういう家の子どもは、学校にいくことができません。子どもが学校にいったら、その家の水は、だれがくんでくるのでしょうか。

ケニア

モザンビーク

1回で運べる水の量はかぎられます。大きなバケツやポリタンクを両手にひとつずつもったり、頭の上に乗せたりして運びます。ただひたすら歩いて水を運ぶのです。

そういう国の人たちにとっては、水があることが「豊かさ」なのです。水を引いてきて、水道の蛇口をひねれば水が出てくること。これが、豊かな生活ということになります。

生活に必要な水をくみにいくアフリカの子どもたち。家族が1日に生活できる量の水を得るためには、家と水くみ場を2回、3回と往復しなければならない。

プラスワン

水道の水を飲めない国

日本の場合、川の水が浄水場できれいにされ、みんなの家の蛇口までとどけられる。

日本のように水道の水を安心して飲むことができるところは、世界のなかでも非常にめずらしい。そのため、海外からの旅行客が泊まるようなホテルでは、水道の蛇口にわざわざ「この水は飲めます」と英語と日本語で書いてあったりする。水については、日本が豊かであるのはまちがいない。

飲料水として、ご使用いただけます
This water is safe to drink

電気がある生活

日本の家は電気がついているのが当たり前です。暗くなったら電気がつくし、テレビを見たり、テレビゲームをしたりできる。このあいだいったケニアという国は、アフリカのなかでは、相当豊かな国です。首都のナイロビには48階建ての東京都庁並みのビルがいっぱい建っています。自動車のすごいラッシュもあります。ナイロビ市内には、どこも電気がとおっています。ところが、そこから車で10分も走ると、夜は真っ暗になります。電気がとおっていません。ケニア全体のなかで電気がとおっている町はわずか2割です。残り8割は、電気がないのです。

ケニアで一生懸命、農業をしている人に会いました。日本の援助で、おいしいお米のつくり方の指導を受けて、お米がようやくつくれるようになったという人です。「お米を売って、お金がいっぱい入ってきたら、電気をつけます」とうれしそうにいっていました。

電気がある生活、暗くなったら電気をつけるのが当たり前という生活も、世界のなかでは、豊かさのあかしだということです。

ケニアの首都ナイロビ。400万人以上がくらしている。

学校へいけるということ

先ほど「子どもは働く必要がないから日本は豊かだ（→p15）」という話がありました。貧しい国では、農業をする人たちが多いですね。日本だとトラクターなどいろいろな農耕機械がありますが、貧しい国ではそうしたものはありません。人の力で畑を耕すしかないのです。たくさんの人がいたほうがいいので、子どもたちも貴重な労働力ということになります。水くみの話（→p16）もそうでしたが、子どもは学校にいくことができません。学校の先生たちが家を1軒1軒まわって、「お宅のお子さんを学校に通わせてください」とお願いしていますが、状況は改善されていません。子どもが学校にいけるかどうかも、豊かさを知る基準となっているのです。

トウモロコシを育てるため、畑を耕すアフリカの子どもたち。

1歳になるまで名前をつけない理由

きみたちが生まれたとき、すぐにお父さんやお母さんが名前をつけてくれましたね。アフリカでは、生まれてから1歳になるまで、子どもに名前をつけないという地域があります。どうしてでしょうか？ それは、赤ちゃんがすぐに死んでしまうからです。1歳まで生きていれば、なんとか生きのびられる可能性があるから名前をつけるのです。このことは、1歳になる前に死んでいく子どもたちが大勢いるという悲しい現実を物語っています。

日本では、お父さんやお母さんは、赤ちゃんの生まれる前から、すてきな名前を考えていますね。これも日本が豊かだからということかもしれませんよ。

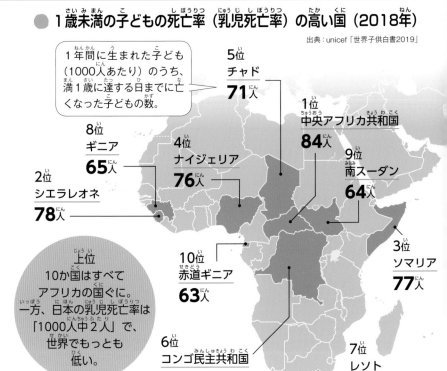

● 1歳未満の子どもの死亡率（乳児死亡率）の高い国（2018年）

出典：unicef「世界子供白書2019」

1年間に生まれた子ども（1000人あたり）のうち、満1歳に達する日までに亡くなった子どもの数。

5位 チャド 71人

1位 中央アフリカ共和国 84人

9位 南スーダン 64人

8位 ギニア 65人

4位 ナイジェリア 76人

2位 シエラレオネ 78人

3位 ソマリア 77人

上位10か国はすべてアフリカの国ぐに。一方、日本の乳児死亡率は「1000人中2人」で、世界でもっとも低い。

10位 赤道ギニア 63人

6位 コンゴ民主共和国 68人

7位 レソト 66人

赤ちゃんが生まれる前から名前を考えるというのは、日本の豊かさが背景にあるという池上先生の指摘に、みんなもおどろいたようでした。池上先生はつぎに、日本が「貧しい」国に対して、どんなことができるか考えてみようと、みんなになげかけます。

3 お金をあげるか貸すか ●●●●●●●●●●●●●●

さあそこで、貧しい国に援助をするには、どうすれば、その国にとって本当にいいことになるのか考えてみようと思います。

貧しい国に援助をするには、お金をあげますよ、というやり方もありますが、お金を貸してあげるから返してくださいね、という援助のやり方もあります。日本はたいていお金を貸してあげるから返してください、という援助をやっています。どうしてだと思いますか？

あげるのは、日本の負担が大きいから。

わたしは、お金をくれる国に頼りすぎて、貧しい国が働かなくなってしまうからだと思います。

お金をもらうと、返さなくてもいいわけだから、むだづかいしてしまうことがあります。お金をあげたはずなのに国民にとどかない、どこかで消えてなくなってしまう、なんてこともよくあります。

そこで日本は、お金を貸してあげるけど返してください、というやり方をとっています。借りたお金で新しい工場をつくったりして、一生懸命利益をあげて、お金を返そうとする。そうすると、みんな一生懸命働くようになって、その国が発展する、こういう考え方なのです。もちろん日本もかぎられたお金しかありませんしね。

ヨルダンにある巨大な難民キャンプ。
約60万人のシリア難民がくらしている。

4 難民を援助するには？

最近、こういう問題も目立っています。シリアが戦争状態になっていて、シリアから大勢の難民がヨルダンやレバノン、トルコなど周辺の国に逃げだしています。かれらをシリア難民とよんでいます。難民は、着の身着のままで、食べ物もありません。今、シリア難民をはじめ世界各地でふえている難民に、食料や衣料品を送る援助がさかんにおこなわれています。

でも、そうした援助は本当によいことなんでしょうか？　じつは問題が起きることがあるのです。さあ、どんなことかわかりますか？

食料を貧しい国にあげちゃうと、取りあいが起きてしまう。もらえない人たちも出てきちゃうと思います。

なるほどな、貧しい国に援助すると、取りあいが起きてしまう。それでは援助しないほうがいいと思いますか？　援助しないと、死んでしまうかもしれませんよ。

でも、食料を援助しても、えらい人とか権力のある人が取ってしまって、食べられない人が大勢いるんじゃないかなあ……。

ただ食料だけ援助したって、ちゃんとみんなにいきわたるかどうかわからないというのですね。

食料をただ援助すると、それに頼りすぎちゃって、自分でつくれなくなる。

なるほど、お金をあげるのではなく、貸すのと同じ考え方（→p18）ですね。

食料をもらったときは、最初はいいんですけど、だんだんなくなってきて、残り少なくなったとき、その食料を取りあっちゃうと思います。

食料をめぐった争いが起きてしまうかもね。

それか、食料は大切にとっておくかも。

きみはそういうことをしますか？　おいしいものを大事にとっておきますかね？　うえていたら、大事にとっておくことはしないと思いますよ。

せっかく逃げてきたのに、食料をもらってばかりでは、その国の人からいやがられて、それが原因でまた自分の国にもどってしまうとか……。

なるほど。みんな、いろいろ考えてくれて、ありがとう。それでは、ぼくの考えをまとめて話しますね（→p20）。

食料援助の方法

難民への食料援助をどのようにおこなえばよいのかについて、池上先生の考えを見てみましょう。

食料を援助すると、どういう問題が起きるか

とても深刻な食料不足になっている国があるとします。「それはたいへんだ。その国の人たちに食料をあげよう」と、世界の国ぐにが大量に食料を援助します。当面うえ死にしそうな人も生きのびることができます。でも、その国にも農業をして食べ物をつくったり、いろいろな商品を売ったりしている人たちがいます。そうした人たちから、無料の食べ物が大量に入ってきたら、だれもお金を出して買おうとしなくなります。その結果、その国で農業や商売は成りたたなくなってしまいます。援助したことで、かえってその国の産業に悪影響をおよぼしてしまい、もっと貧しくなるのです。

シリア難民についていえば、ヨルダンに逃げてきた人のために難民キャンプがつくられました。難民キャンプにいる人たちには、WFP（世界食糧計画）という国連*の組織などが、食料援助をおこなっています。それはいいのですが、難民キャンプの周りにも食料がなかったり貧しかったりする人たちがいます。難民キャンプの人たちは食べられるけれど、もともと住んでいたヨルダンの人たちは、一生懸命働かないと食料が得られません。「あいつら、恵まれすぎている」と、難民キャンプの人たちをきらうことになります。シリアから大勢の人たちがきただけで「ヨルダンは迷惑している」のに、そのうえ、「あの人たちだけが食べられて自分たちは食べられないのはおかしい」「着るものだってもらえていいなあ」というふうになってきました。

こうした問題を解決するために、WFPでは、難民の人たちが難民キャンプの外の人たちと平和にくらせる食料援助のやり方を考えだしました。そのやり方は、どういうものでしょうか。もう少しみんなで考えてみましょうね。

シリア難民の家族。

*正式には国際連合。第二次世界大戦を反省して発足した、ニューヨークに本部をおく国際平和機構。国際的な平和と安全の維持、経済・社会・文化における国際協力などを目的としている。2020年現在、加盟国数は193か国。

食料援助の方法についてみんなに考えてもらったあと、池上先生は、国際援助のあり方についてまとめて話しはじめました。

　「こまっている人がいるから、足りないものをあげましょうというのでは、かえってその国のためにならない」という話です。また、「そこの地域の人たちが地域でくらしていけるような援助のやり方を考えなければなりません」と話し、実際の援助の例を3つあげました。

5 相手のためを考える ●●●●●●●●●●●●●●●●●●●●●●

食料引換券を配る

本当に食料がないなら、食料を援助するのではなく、食料のつくり方を教えるということは大事。でも、難民キャンプの場合はそうではありません。さっき話した、WFPの難民への食料援助の方法とは、「フードスタンプ」、つまり食料引換券を配ることです。

　今、ヨルダンの難民キャンプでは食料引換券をわたしています。そうすると、難民キャンプの人たちは食料引換券をもって、近くのヨルダンのお店で食料を買う。ヨルダンのお店は、受けとった食料引換券をWFPにもっていくと、現金とかえてもらえる。その結果、お店の人たちにも現金が入るというわけです。

　それまで難民キャンプの周りのヨルダンの人たち

ヨルダンで配られた、WFPの食料引換券。

は、「あの連中がきて、いろんな問題が起きてこまったなあ」と思っていたのに、その人たちが突然、お客さんにかわったことで、難民を大事にしようということになり、さまざまな問題が解消されてきたのです。

ラオスへの援助

何年も前ですが、東南アジアのラオスという国にいきました。非常に貧しい国です。そのラオスの山のなかに、日本の国際援助団体JICAという組織の人がいて、「みなさんはなにこまっていますか？　みなさんのために日本が援助してあげます」といいました。すると農村の人たちは「日本が援助してくれるんだ、なにをもらえるのかな」と思ったそうです。でもJICAの人は「アレをあげます、コレをあげます」とはいいませんでした。「まず、みなさんの村でなにが必要なのか、話しあってください」といったのです。「えー、話しあうの？　なんかめんどくさ

いなあ」といいながら、みんなで集まって、「さあ、この村が発展するためにはなにが必要だろうか」と話しあいをはじめました。

　いろいろ議論していくうちに、結局、「学校が必要だ。子どもたちに勉強をしてもらわなければいけない。学校をつくってください」といったのです。ところがJICAは学校をつくりませんでした。地元の人たちはおこって「日本に頼っていても学校はつくってくれない。一刻も早く学校をつく

ラオス

21

る必要がある。日本なんか頼らないで、自分たちで学校をつくってしまえ」といって、みんなで木や窓をもちより、あっという間に学校をつくってしまいました。もちろん電気などはありませんが、ちょっとした黒板もあり、とりあえず学校ができたのです。

日本の援助で学校ができたとしたなら、こわれたとき、自分たちでつくった学校ではないので、また日本に頼ろうとしたはずです。でも自分たちでつくった学校は、ちょっとでもこわれたら自分たちでなおしながらずっと維持しています。

みんなは、今の話をどう思いますか？　もちろん、日本のJICAはなにもしなかったわけではありませんでしたよ。

ラオスの子どもたち。ラオスでは、子どもたちが学ぶための校舎や教科書が不足しているほか、家が貧しいことや近くに学校がないことが原因で、小学校でさえ通いつづけられない子どもも多い。

援助から投資へ

これまでたくさんの国が「アフリカはとても貧しいところだから、みんなで援助しなければ」と考えていました。でも、援助しても援助しても、なかなか豊かにならない。それがアフリカだったのです。だから近年援助のしかたがいろいろかわってきました。お金をあげるのではなくて、そこに外国の企業が出ていって工場を建て、現地の人をやとって商品をつくり、そこの人たちに売って利益をあげる、そういう援助にかわってきたのです。

世界の会社がアフリカに工場をつくって現地の人をやとい、商品をつくって売って利益をあげる。そして、それぞれの国にお金が入ってくるような形にする。これを「投資」といいます。援助じゃなくて投資。つまりビジネスとして、お互い対等な立場で仕事をしよう、と仕事をする相手としてアフリカを見るようになってきました。

こまっているからただ助けよう、ではない。本当にこまっている人にとって、自分たちだけでやっていけるようになるためには、どうしたらいいのか、を考えなければなりませんね。これが今の国際援助の考え方なのです。

アフリカ・タンザニア最大の都市、ダルエスサラームにある市場。外国の企業の看板が見える。

©Prof.Chen Hualin

現在の「国際援助」の考え方まで話した池上先生はいよいよ、この授業のテーマ「日本は豊かか、貧しいか？」という問いに話を進めていきます。

6 豊かでいるための借金 ●●●●●●●●●●●●●●●●●●●●●

 これまで話してきたように、日本は水があって電気があって学校にいける、子どもは働かなくていい。もうそれだけで日本は豊かなんです。でも、日本もお金が足りないという問題があります。お年寄りがふえていて、そのための医療費もかかるし年金もお金がかかる。だからその分を国が借金してまかなっています。借金しているのは、お金が足りないからです。でも、その借金は、豊かな生活をつづけたいために借金しているのです。それが日本という国なんです。しかし、そうした日本のなかでは、お金もちと貧しい人との差が、近年どんどん広がっています。貧しい人はますます貧しく感じています。これも日本の現実です。こうした状況では、日本は決して豊かな国とはいえませんね。

7 本当の豊かさとはなにか ●●●●●●●●●●●●●●●●●●

わたしは東南アジアの東ティモールという国にいったことがあります。とても貧しい国です。南のほうで、ある家族を取材しました。その人たちは、バナナを取ってきて、家の庭にいっぱい生えている草といっしょにその場で調理して、みんなで食べていました。お父さんが庭の木にひもをぶらさげてつくったブランコで、子どもたちが遊んでいました。

浜辺で遊ぶ東ティモールの子どもたち。

電気はありません。電気がないからテレビもありません。夜は月の明かり、星の明かり、本当にきれいな夜空の明かりの下で、家族みんなが仲よく楽しそうにしていました。家族でいつもいろいろな話をしていました。

そのようすを見て、わたしは「こういうのを本当に豊かな生活というのではないかな」と思いました。

現在の日本は、物質的には世界でトップクラスの豊かさをほこる国です。でも、家族がいっしょに食事をしているのに、テレビを見たり、スマホを見たりバラバラで、会話がない。これが本当の意味で幸せなんだろうか、豊かなんだろうか、ということを、ふと考えてしまいました。

日本は豊かか貧しいか。豊かな部分もあるけれど、貧しいところもあるということですね。

ここから先はきみたちが、わたしの授業をきいたうえで、自分自身の結論を出してみてください。豊かか貧しいか、なにが豊かなのか、なにが貧しいのか。以上がわたしの授業です。ありがとうございました。

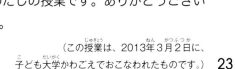

（この授業は、2013年3月2日に、子ども大学かわごえでおこなわれたものです。）

「憲法ってなんだろう？」

3時間目 池上彰先生【社会・総合学習（政治）】

 つぎの授業では憲法について考えてみます。池上先生は「みんなの意見や質問をどんどん出してくださいね」と前置きして、授業をはじめました。

1 憲法とは？ ・・・・・・・

憲法って法律？

さあ、まず最初の質問です。憲法ってなんでしょうか？

日本の決まり。

日本の決まりってなんですか？

国とかの決まり。

具体的には？

たとえば、日本だったら税金があるとか。

法律より上の決まりだと思います。

法律より上って、どういうこと？

憲法のほうが優先されること。

憲法は、法律なのですか？　それなら、法律といえばいいのでは？　それをわざわざ憲法といっているのは、法律とちがうからですよね。

法律より大事なことが、書いてあるのではないですか？

法律は、警察官とか総理大臣が決めるけれど、憲法はみんなで決めるものだと思います。

わたしも、法律は、庶民っていうか、ふつうの人からは遠いような感じがしていました。

そうか、法律って身近じゃないんだ。憲法のほうが身近だと感じるのかな……？　なるほどね。

ぼくは、法律より憲法のほうがきびしい感じがします。

きびしい。どういう意味ですか？

1689年のイギリスで、ウィリアム3世とメアリー2世が議会から「権利の宣言」を提出された（下は、そのときのようすをえがいた絵）。当時絶対的な権力をもっていた国王に対し、国民と議会の権利を宣言したもので、それをもとに同年、「権利の章典」が発布された。これが、世界の憲法のはじまりだといわれている。

やぶったら警察につかまっちゃうみたいな感じです。

なるほど、憲法はやぶると警察につかまっちゃうのか……！　では、みんなは、憲法違反で逮捕されたってニュース、きいたことありますか？　ないよね。悪いことをやってつかまるっていうのは、法律に違反したときですよ。じつは、憲法違反で、逮捕されることはないんです。

憲法は権力をもっている人が守るべきもの

憲法については、昔からいろいろな考え方がありましたが、今、一般的な憲法の専門家の人たちが考えているのは、憲法というのは、国の権力者（権力をもっている人）が守らなければいけないものだということなのです。

たとえば昔のイギリスでは、国王が絶対的な権力をもっていました。国王がいて、その下に一般の国民がいました。国王の命令は絶対で、国王のいうことをきかなければ、つかまったり殺されたりしました。それに対し、人びとは「国王は横暴だ」「国王にだって守るべきルールがある」「国王が勝手なことをするのはやめさせなければならない」と考えるようになりました。その結果、国民は、国王に対して「こういうことを守れ」と主張したのです。それがのちに「憲法」というものになっていったのです。

憲法は、国民が守るべきものというよりは、権力者が守るべきものなのです。

立憲主義とは

権力をもっているすべての人は、憲法を守らなければいけません。これを「立憲主義」といいます。

権力をもっている人とは、たとえば、総理大臣、国会議員、県知事、市長など。こういう人たちは必ず憲法を守らなければいけません。けれど、きみたちは、憲法違反だから逮捕されるとか、罰金を受けるとか、そういうことは一切ないのです。

国の政府、あるいは県、市なども同じで、必ず憲法を守らなければいけません。

じつは、法律は、憲法にもとづいてできているのです。憲法のほうが上なので、憲法に違反する法律は、つくってはいけないということになります。

つづけて池上先生は、日本の今の憲法「日本国憲法」について、話を進めていきました。

2 日本国憲法の3つの柱 ●●●●●●●●●●●●●●●●●●●●●●●

3つの柱って？

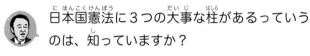 日本国憲法に3つの大事な柱があるっていうのは、知っていますか？

 ひとつは、教育だと思います。

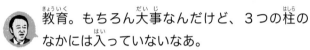 教育。もちろん大事なんだけど、3つの柱のなかには入っていないなあ。

 平和主義。

ひとつ出ました。あとふたつ。

 民主主義。

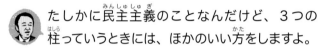 たしかに民主主義のことなんだけど、3つの柱っていうときには、ほかのいい方をしますよ。

 国民主権っていうのではないですか。

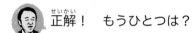 正解！　もうひとつは？

 基本的人権だと思います。

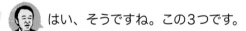 はい、そうですね。この3つです。

写真／国立公文書館

日本国憲法は、第二次世界大戦（→p11）後、1946年11月3日に公布、1947年5月3日に施行された。

国民主権——国民がいちばんえらい

国民主権というのは、国民がいちばんえらいということです。「日本でいちばんえらい人はだれですか」ときくと、だいたいみんな総理大臣や天皇っていうけれど、憲法では、日本でいちばんえらいのは国民、つまりきみたちなのです。

憲法の「天皇」について定めたところには、「天皇の地位は国民の総意に基づく」と書いてあります。これは、国民のみんなが、天皇がいたほうがいいと思っているから、天皇がいるということなのです。

今の日本は、国民がいちばん力をもっていてえらいんだという考え方をとっています。それが国民主権ということです。だから、力のある国民は、憲法をつくって、政治家や役所に対し、憲法を守りなさいとおしつけているわけです。

でも、みんながそれぞれにいちばんえらいんだといばっていたら、けんかになってしまいますね。それで

けんかにならないようにつくったルールが、法律というものです。

プラスワン

「神の主権」という考え方

「国民主権」という考え方に対して、イスラム過激派[*1]などのなかには、「神の主権」という考え方をとっている人たちがいる。かれらは、「主権は国民にない、神様が権利をもっている」「国民が勝手に憲法や法律をつくるなんて、とんでもない」「すべてはコーラン[*2]とハディース[*3]にしたがっていればいい」と主張している。

イスラム教の聖典「コーラン」。

*1 イスラム教の教えを絶対的なものと考え、広めるために暴力や武力を用いる組織。
*2 イスラム教の聖典。預言者ムハンマドが、神（アッラー）から預かったとされる言葉を記録した本。
*3 ムハンマドの発言や行動を記録した本。イスラム教徒がすべきことや、礼拝の方法などがくわしく説明されている。

基本的人権の尊重——健康に楽しくくらす

日本国憲法の第25条につぎのように書いてあります。

> すべて国民は、健康で文化的な最低限度の生活を営む権利を有する。

「最低限度の生活を営む権利」とは、もちろん最低の生活をしろというわけではありませんね。これは、

総理大臣や、大臣たちあるいは、国会議員、国家公務員、地方公務員など権力のある人たちに対し、すべての国民が健康で文化的な生活ができるようにしなさいと命令しているということなのです。

そのため日本でも、つぎのようなことがおこなわれています。健康で文化的な生活の例をふたつ見てみましょう。

● 大気汚染対策

1960年代の日本では、大気汚染がひどく、ぜんそくになる子どもたちも多くいた。それでは、憲法が保障している「健康な生活」は送れない。「大気汚染をほうっておく国のやり方は、憲法違反だ」ということになり、「大気汚染防止法」や「水質汚濁防止法」などの法律がつくられた。その結果、今では日本はずいぶん空気がきれいになり、川の水も当時より相当きれいになった。

● 公共施設の開設

もし本を買うお金がなくても、図書館にいけば本を読むことができる。市や町の役所が図書館のような公共施設をつくったり、音楽のコンサートや美術展を開催したりしているのも、すべての国民が「文化的な生活」を送れるようにするためなのだ。

平和主義——戦争はしない

憲法第9条（→プラスワン）では、日本は戦争を放棄しています。つまり、戦争をしません、戦争のための戦力はもちませんといっています。

ところがそれについては、いろんな議論があります（→p30）。自衛隊は戦力なのか、そうでないのか？　このことは、1954年に日本に自衛隊がつくられたときからずっと大きな議論になってきました。それでも、日本は、戦争はしませんよといいつづけてきました。

憲法第9条

憲法第9条には、つぎのように書いてある。

1　日本国民は、正義と秩序を基調とする国際平和を誠実に希求し、国権の発動たる戦争と、武力による威嚇又は武力の行使は、国際紛争を解決する手段としては、永久にこれを放棄する。

2　前項の目的を達するため、陸海空軍その他の戦力は、これを保持しない。国の交戦権は、これを認めない。

憲法がどういうものなのか、3つの柱にそって解説した池上先生は、「憲法にはいろいろな権利が書いてあるけれど、義務もあります」と話し、こんどは、「国民の義務」についても取りあげていきました。

3 国民の義務 ●●●●●●●●●●●●●●●●●●●●●●●●●●●●●●●●●●●●

義務は3つだけ

日本国憲法には、権利についてはたくさん書いてありますが、義務は、3つだけなのです。なにかわかりますか。

働くことと教育。あと……。

そうだね。働くこと、勤労の義務。教育、義務教育。ふたつ出ました。もうひとつは？

納税です。

そう、税金を納めること、納税の義務ですね。これが憲法で決められている3つの義務で「国民の三大義務」といっています。では、なぜ憲法でこの3つを「義務ですよ」と、わざわざいっているのでしょうか。

人と人のかかわりをよくするためだときいたことがあります。

ちょっとまって。働くことが、どのように人と人のかかわりをよくするのかな？

働くことで人と人がかかわるようになります。

なるほど、働くことによっていろいろな人とあうことができるわけですね。でも、税金を納めるというのは？

それも、人とのかかわりをよくします。

税金を納めると人とのかかわりがよくなるって、どういうこと？　もう少しあなたの考えを話してくれますか？

働けば自分がお金をもらえるし、ほかの人のためにもなるし、税金を払えば貧しいくらしをしている人のためになるからです。

働いて、税金を納めることで、そういう人たちの手助けをすることもできるということですね。それでは、教育というのは？

教育を受けられないと、将来働くこともできなくて、税金も納めることができなくなるかもしれないからです。すべて人と人とのかかわりをよくすることにつながっているのだと思います。

すばらしい、ありがとう。みごとな答えです。それではここでちがう見方で、国民の三大義務について話しますね。わたしたちには、さまざまな権利がみとめられているけど、権利が保障されるためには、日本という国がちゃんと運営されなければいけない。国がちゃんとしていなければ、わたしたちの権利も守られないわけです。その日本という国がきちんと運営できるように、国民が、義務を負うのです。それが3つ！

池上先生は、「教育」「勤労」「納税」の国民の三大義務について、みんなと話しあいを進めていきます。

はじめに「義務教育」について話します。じつは、これはよくみんなにまちがえられているのですが……義務教育の義務はだれにあると思いますか？

わたしたちが学校にいかなければならないということではないのですか？

あなたに教育を受ける義務があるということかな？

はい。

というふうに、かんちがいしている人がいっぱいいるのですよ。

「義務教育なんだから、学校にいく義務がある」という人がいます。けれども義務があるのは、きみたち子どもの保護者なのです。お父さんやお母さん、いない場合は、それにかわる役割や立場の人に、子どもを学校に通わせる「義務」があるのです。きみたちには、教育を受ける「権利」がありますが、義務はありませんよ。

教育がいきとどくと

保護者に義務を負わせ、子どもを学校にいかせる。そうやってきちんと読み書きや計算など、基本的なことを身につけさせる。そして、社会人として働くことができるようにするというのが教育の義務です。そして社会に出て働いて、収入を得て税金（所得税）を払う。お金をかせいでいれば消費税を払うこともできる。国民が税金を納めれば、国は公務員を雇うことができる。そして生活が苦しい人のために、たとえば生活保護*のお金を出せる。高齢者に年金を支払える。道路をつくったり、橋をかけたりすることもできるわけです。こうして日本という国を維持できるのです。

まとめていうと、教育をすることによって、将来社会に出て働いて税金を納めることができるようになり、そのお金で日本がちゃんと運営されていくということになっているのですね。

* 生活に困り、憲法25条に定める「健康で文化的な最低限度の生活」を送ることがむずかしい人に対して支援をおこなう制度。

「平和主義」の考え方

これまで日本国憲法の第9条については、さまざまな議論がおこなわれてきました。池上先生は、そうした議論について説明し、みんなに問いかけました。

憲法第9条と安倍首相の考え方

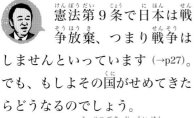

憲法第9条で日本は戦争放棄、つまり戦争はしませんといっています（→p27）。でも、もしよその国がせめてきたらどうなるのでしょう。

ここで、「個別的自衛権」と「集団的自衛権」というふたつの考え方についてやさしくまとめてみます。

● 個別的自衛権…よその国がせめてきたら、自分の国を守るために戦う権利。

● 集団的自衛権…仲のよい国とグループをつくり、グループのなかの国が攻撃されたとき、その国を守るために戦う権利。

日本はこれまでは、個別的自衛権はもっているけれども、集団的自衛権はつかえない、という考え方をとってきました。仲のよい国がせめられたとき、日本も助けにいかなければならないということになれば、国際紛争の解決に武力をつかうことになる。これは憲法第9条に違反するからという考え方です。

しかし、近年安倍晋三首相は、集団的自衛権がみとめられるというように憲法第9条の解釈をかえ

ました。それにもとづいて2015年、新しい法律をひとつと、10の法律の改正案をまとめたもの（安全保障関連法案）を国会に提出し、これが大きな議論になりました。

安倍首相はつぎのように主張しています。「Ａという国が日本と関係ないところで争いをしていたら、そこにわざわざ自衛隊がいくことはない。でも、もし日本が攻撃されようとしているとき、Ａという国が、日本を守るために周辺にいて、攻撃されたのにもかかわらず、日本が攻撃されたわけじゃないから関係ない、なんていっていたのでは、日本の信用を失ってしまう」

具体的にいえばＡはアメリカのことです。いざというときには、日本がアメリカを助ける。反対に日本がたいへんなときには、アメリカも助けてくれる。また、いざというときにはいっしょになって戦うということをみとめておけば、よその国は日本に手を出せないようになるのではないか。これが安倍首相の考え方なのです。集団的自衛権は、一部はみとめてもいいと安倍首相はいっています。

これに対して、アメリカと戦うとなったら、日本と関係のないアメリカとよその国とのもめごとにまきこまれて、日本も戦争することになってしまうのではないか、と考えた人たちが安全保障関連法案を「戦争法案」とよんで強く反対。しかし、2015年9月にすべて成立しました。

> ！ 安倍首相の憲法第9条に関する考え方について、賛成か反対かということが、議論になっています。みなさんは安倍政権の考え方に賛成でしょうか、反対でしょうか。そしてそれはどういう理由でしょうか。話しあってみましょう。

※ 国連の目的や原則などについて定めた国連憲章には、国は個別的自衛権も集団的自衛権も、権利としてもっていると書いてある。

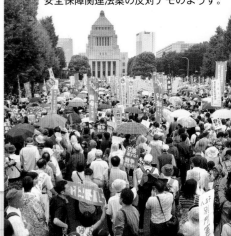
安全保障関連法案の反対デモのようす。

授業／池上彰

1950年、長野県生まれ。慶應義塾大学卒業後、1973年、NHKに記者として入局。1994年から「週刊こどもニュース」キャスター。2005年3月NHK退社後、ジャーナリストとして活躍。名城大学教授、東京工業大学特命教授。著書に『ニュースの現場で考える』（岩崎書店）、『そうだったのか！現代史』（集英社）、『伝える力』（PHP研究所）ほか多数。

文・ナビゲーション／稲葉茂勝（子どもジャーナリスト）

1953年、東京都生まれ。大阪外国語大学・東京外国語大学卒。これまでに編集者として1300冊以上の作品を手がけてきた。自著も80冊以上。近年は、子どもジャーナリスト（Journalist for Children）として著作活動を続けている。2019年7月東京国立市にNPO法人子ども大学くにたち（CUKu）を創設、理事長になる。その後、SDGsをカリキュラムの基軸にすえた子ども大学を広める「SDGs子ども大学運動」を展開。

編／こどもくらぶ

企画・制作／株式会社 エヌ・アンド・エス企画

デザイン／矢野瑛子

本書は、NPO法人子ども大学かわごえが発行した、2012年度〜2015年度におこなわれた授業や行事を記録した年間授業報告書をもとに、こどもくらぶ編集部で再編集したものです。文責は稲葉茂勝。なお、この本の情報は、授業当時のものです。

写真協力（敬称略）

子ども大学かわごえ
・p8：©Maen Zayyad｜Dreamstime.com
　　　©Dbajurin｜Dreamstime.com
　　　©Vadim Lerner｜Dreamstime.com
・p14：たっきー／PIXTA（ピクスタ）
・p16：©Atm2003｜Dreamstime.com
・p17：©Joshua Wanyama｜Dreamstime.com
　　　©Sjors737｜Dreamstime.com
・p19：写真：AP／アフロ
・p20：©Radek Procyk｜Dreamstime.com
・p21：©WFP/Jean-Philippe Chauzy
・p22：©Pierre Jean Durieu｜Dreamstime.com
・p23：©Chung Jin Mac｜Dreamstime.com
・p24：©ユニフォトプレス
・p25：PG1104NA／PIXTA（ピクスタ）
・p26：©Elmirex2009｜Dreamstime.com
・p29：ふじよ／PIXTA（ピクスタ）
・p30：写真：Duits/アフロ

表紙写真

・授業風景：子ども大学かわごえ

地図

・P7　イギリスの世界地図：collins
・P8　イランの世界地図：
　　　http://browse.ir/other/world
・P10　中華民国全図：
　　　https://commons.wikimedia.org/
　　　wiki/File:China_old_map.jpg
・P11　台湾の地図：台湾の高校生の教科書
・P11　中国の地図：
　　　『中国地図冊地形版』中国地図出版社（2018）
・P12　中国の地図の北方領土：
　　　『世界地図（全開図）』中国地図出版社
・P13　韓国の地図：
　　　高校生向け地理資料（2017年 ソウル発行）

未来につながるまなびば **子ども大学** ①世界を知る：社会・総合学習

2020年 8月　初版第1刷発行
2020年 10月　初版第2刷発行

発行者　飯田聡彦
発行所　株式会社 フレーベル館
　　　　〒113-8611 東京都文京区本駒込6-14-9
　　　　電話　営業 03-5395-6613　編集 03-5395-6605
　　　　振替口座　00190-2-19640
印刷所　凸版印刷株式会社

©2020 Kodomo Kurabu　©フレーベル館 2020
Printed in Japan.
フレーベル館ホームページ　https://www.froebel-kan.co.jp
乱丁・落丁本はおとりかえいたします。

禁無断転載・複写
ISBN978-4-577-04924-2 NDC002
32p/29cm×22cm

未来につながるまなびば

子ども大学

編／こどもくらぶ